L'invasion germanique au cinquième siècle

Fustel de Coulanges

L'invasion germanique au cinquième siècle
Son caractère et ses effets

Editions le Mono

On se représente ordinairement, au début de l'histoire de la France, une grande invasion de Germains. On se figure la Gaule vaincue, conquise, asservie. Cet événement a pris, dans les livres et dans les imaginations, des proportions énormes. Il semble qu'il ait changé la face du pays et donné à ses destinées une direction qu'elles n'auraient pas eue sans lui. Il est, pour beaucoup d'historiens et pour la foule, la source d'où est venu tout l'ancien régime.

Les seigneurs féodaux passent pour être les fils des Germains, et les serfs de la glèbe pour être les fils des Gaulois. Une conquête, c'est-à-dire un acte brutal, se place ainsi comme l'origine unique de l'ancienne société française. Tous les grands faits de notre histoire sont expliqués et jugés au nom de cette iniquité première. La féodalité est présentée comme le règne des conquérants, l'affranchissement des communes comme le réveil des vaincus, et la révolution de 1789 comme leur revanche.

Il faut d'abord reconnaître que cette manière d'envisager l'histoire de la France n'est pas très ancienne ; elle ne date guère que de deux siècles. Les anciens chroniqueurs, qui étaient contemporains de ce que nous appelons l'invasion germanique, mentionnent sans nul doute beaucoup de ravages et de dévastations ; mais jamais ils ne parlent d'une conquête, c'est-à-dire d'une race vaincue et d'une population assujettie. Il n'y a rien dans ces vieux documents qui ressemble aux légendes dans lesquelles les Gallois et les Bretons d'Angleterre conservèrent le souvenir de leurs vainqueurs, et pleurèrent leur race asservie.

Aucun des écrivains de la Gaule, ni ceux qui appartiennent à la race gauloise, comme Sidoine Apollinaire et Grégoire de Tours, ni ceux qui étaient de race germanique, comme Jornandès, ne nous présentent les événements qu'ils ont vus comme une grande invasion qui aurait substitué une population à une autre, et aurait changé les destinées du pays. Cette idée n'apparaît pas davantage dans les écrivains des siècles suivants.

Le moyen âge a beaucoup écrit ; ni dans ses chroniques, ni dans ses romans, nous ne trouvons trace d'une conquête générale de la Gaule. On y parle sans cesse de seigneurs et de serfs, mais on n'y dit jamais que les seigneurs soient les fils des conquérants ou que les serfs soient les fils des vaincus. Philippe de Beaumanoir au XIIIe siècle, Comines au XVIe et une foule d'autres écrivains cherchent à expliquer l'origine de l'inégalité sociale, et il ne leur vient pas à l'esprit que la féodalité et le servage dérivent d'une ancienne conquête. Le moyen âge n'eut aucune notion d'une distinction ethnographique entre Francs et Gaulois. On ne trouve, durant dix siècles, rien qui ressemble à une hostilité de races.

La population gauloise n'a jamais conservé un souvenir haineux des Francs et des Burgondes. Aucun des personnages de ces nations n'est présenté comme un ennemi dans les légendes populaires. L'opinion qui place au début de notre histoire une grande invasion, qui partage dès lors la population française en deux races inégales et ennemies, n'a commencé à poindre qu'au XVIIe siècle ; elle a surtout pris crédit au XVIIIe, et pèse encore sur notre société présente : opinion dangereuse qui a répandu dans les esprits des idées fausses sur la manière dont se constituent les sociétés humaines, qui a répandu aussi dans les cœurs des sentiments mauvais de haine et de vengeance.

I. — Ce qu'étaient les envahisseurs germains.

Il faut observer avec attention comment s'est opéré le singulier événement qu'on appelle l'invasion des barbares ; il faut le voir, s'il se peut, tel qu'il a été vu par les hommes de ce temps-là.

Nous sommes portés à nous exagérer le nombre et la force de ces barbares. C'est une étrange erreur que d'avoir cru que la Germanie fût « la fabrique du genre humain et la matrice d'où sortent les nations, » comme si l'humanité y avait été plus féconde qu'ailleurs ! La barbarie n'est jamais féconde. Comment la population aurait-elle été nombreuse sur un sol qui était alors couvert de forêts et de marécages, chez des peuples qui estimaient peu le travail, et dans un état social si troublé que chaque tribu avait besoin pour sa sûreté de s'entourer d'un désert ? Les coups répétés dont les Romains, depuis César jusqu'à Marc-Aurèle, avaient frappé la Germanie, sans parler de ceux qui lui venaient de l'Orient et que nous connaissons moins, avaient dû affaiblir la race. Si l'on compare les noms des peuples germains tels que Tacite les énumère et les noms qui apparaissent deux siècles plus tard, on reconnaît que dans cet intervalle beaucoup de peuples avaient disparu, et qu'il s'était opéré dans le pays une désorganisation complète. Les Germains qui se montrent dans l'histoire au Ve siècle de notre ère n'étaient que des débris d'une race épuisée. Le sol de l'Allemagne ne se repeupla plus tard que par l'adjonction des Slaves et des Hongrois.

Ce qu'il y avait de plus puissant chez ces Germains, c'était l'empire gothique, qui s'était fondé au nord du Danube. On peut voir pourtant comment cet empire s'écroula aux premiers coups des Huns, et les Huns n'étaient pas eux-mêmes un peuple bien puissant, puisqu'ils n'étaient que des fuyards échappés de l'Asie, d'où les chassait une autre population. Tout cela paraît grand, vu de loin ; vu de près, ce n'est que faiblesse, que désorganisation, qu'impuissance.

Entre ces peuples germains, on ne voit aucune entente, aucun mouvement concerté, aucun effort commun. Tout sentiment national est absolument absent. Il n'y a indice chez eux ni d'un amour pour la patrie, ni même d'une haine pour l'étranger. Se représenter la Germanie se précipitant sur l'empire romain est une illusion tout à fait contraire à la réalité des faits. De ces Germains dont parle l'histoire, la moitié au moins était à la solde de l'empire. Ils ne manifestaient aucune antipathie pour le nom romain ou pour le nom gaulois. Ils se combattaient les uns les autres plus volontiers qu'ils ne combattaient l'empire. Ce sont les Francs de Mellobaude qui ont la plus grande part à la bataille d'Argentaria, où sont écrasés les Alamans (377). Les Germains de Radagaise sont exterminés par une armée dont le chef est un Vandale, et dont la moitié est composée de Goths et de Huns. L'invasion des Huns et des Ostrogoths est arrêtée par une armée de Wisigoths, de Francs, de Burgondes, de Saxons et de Sarmates.

Ils n'avaient pas non plus cette fierté sauvage dont on leur fait honneur. Lorsque les Cimbres et les Teutons étaient venus se heurter, sans le savoir, contre les forces romaines, ils s'étaient excusés auprès du consul Carbon, et ils avaient demandé qu'on les reçût comme soldats et serviteurs de Rome. Ainsi firent dans la suite presque tous les Germains. Les Vandales, au IVe siècle, obtinrent des terres en Pannonie et se firent sujets de l'empire, *imperatorum decretis, ut incolæ, famularunt.* Les Wisigoths, tremblant devant les Huns, implorèrent un refuge dans l'empire ; pour l'obtenir, ils s'engagèrent à obéir aux lois et aux ordres de l'empereur, et ils consentirent même à abandonner leur culte national pour adopter celui de l'empire. Qu'ils se soient ensuite révoltés contre Valens, qu'ils l'aient vaincu et tué, cela ne changea rien à leur situation ; ils n'en restèrent pas moins serviteurs de l'empire, *in servitio imperatoris*, c'est un historien de leur nation qui nous l'affirme. Les Francs aussi, comme les

Burgondes et les Alains, étaient sujets des empereurs, *romano serviebant imperio*.

L'entrée de nombreux Germains dans l'empire se présente à notre esprit sous l'aspect d'une invasion et d'une conquête ; mais les hommes de ce temps-là s'en faisaient une autre idée. Ils virent, durant deux siècles, ces Germains se glisser dans leur pays pacifiquement et humblement, les uns à titre de laboureurs, les autres à titre de soldats de l'empire.

Il se fit en effet, pendant une série de générations, une immigration incessante de laboureurs germains. Ils ne venaient pas toujours de bon gré ; ils étaient souvent amenés de force, et leur arrivée coïncidait presque toujours avec une victoire des armées impériales. C'est après les succès de l'empereur

Claude le Gothique en 270 que l'on vit affluer sur les terres en friche une foule de Germains vaincus. C'est après une victoire de l'empereur Probus en 277 qu'on vit les champs de la Gaule labourés par les prisonniers germains. En 291, les Francs, « admis sous les lois de l'empire, » cultivèrent les champs des Nerviens et des Trévires. Un peu plus tard, en 296, les victoires de Constance Chlore forcèrent les Chamaves et les Frisons à labourer pour les Romains. Au siècle suivant, les Francs-Saliens furent cantonnés dans l'empire par la volonté du césar Julien, leur vainqueur. Théodose remporta une grande victoire sur les Alamans ; l'Italie vit alors arriver une foule de captifs de cette nation, qui, par ordre de l'empereur, furent établis comme colons sur les rives du Pô. Plus tard, le poète Claudien chanta les grands succès de Stilicon, qui obligeait les Sicambres à changer leurs épées en socs de charrue.

Assurément ces faits n'apparaissaient pas aux yeux des contemporains comme une conquête du pays par une population étrangère ; ils y voyaient plutôt l'empire conquérant des sujets étrangers.

Que l'empire eût besoin de chercher des bras au dehors pour cultiver son sol, c'est ce qui étonne au premier aspect. Il est avéré que la classe agricole était devenue insuffisante. Cette insuffisance venait de ce que les progrès de la population sous l'empire n'avaient pas été en rapport avec le grand défrichement des forêts et le développement qu'avaient pris les travaux industriels et les occupations de l'intelligence. Il s'était formé des professions nouvelles qui avaient enlevé des bras à l'agriculture au moment même où les défrichements exigeaient que ces bras fussent plus nombreux. D'ailleurs l'usage des affranchissements et l'élévation incessante des basses classes avaient peu à peu épuisé cette couche inférieure de la société dont le travail devait féconder la terre. Si l'on ne trouvait moyen d'amener des bras étrangers, la main-d'œuvre était chère, le travail languissant, le propriétaire ruiné, l'impôt foncier impayé. C'est contre cette difficulté que l'empire lutta pendant des siècles, et c'est contre elle qu'à la fin il échoua. L'adjonction de Germains laboureurs était son salut : aussi profitait-il de chaque victoire pour en amener le plus qu'il pouvait, à la grande joie des populations.

Loin que ces Germains entrassent en maîtres dans l'empire, ils y entraient comme *colons*. Or le colonat, à cette époque, n'était pas autre chose que le servage de la glèbe. Un colon était attaché à un champ pour toute sa vie, il ne pouvait s'en éloigner « même une heure ; » les lois impériales l'appellent *servus terrœ*. Non-seulement ces Germains ne s'emparaient pas de la terre, c'était au contraire l'empire qui s'emparait de leurs personnes pour les enchaîner à la terre. Le code théodosien mentionne des nations barbares qui avaient été ainsi introduites de force dans l'empire, fixées au sol et assujetties à la dure condition du colonat. Les Germains faisaient effort pour se tirer de cette servitude ; on cite des Francs qui, transplantés comme colons dans l'Asie-Mineure, construisirent des barques et revinrent par mer en Germanie. L'empire redoubla de sévérité, comme on peut le voir en suivant dans les codes la progression des lois relatives au colonat, pour retenir de force ces étrangers. Il y a des coïncidences frappantes. Le colonat ou servage de la glèbe, inconnu dans les premiers siècles de l'empire, fut constitué et se développa à mesure que s'accrut le nombre des Germains amenés par chaque victoire. Peut-être y aurait-il quelque témérité à prétendre que cette introduction forcée des Germains ait été la source unique du servage de la glèbe ; mais on peut affirmer au moins que dans cette classe des serfs, qui commence au IIIe siècle et qui ne finit qu'en 1789, il y a eu beaucoup de sang germanique.

D'autres Germains entrèrent dans l'empire sous de meilleures conditions, à titre de soldats. Ce fait, qui surprend d'abord, est expliqué par une des institutions capitales de l'empire romain. Le trait le plus caractéristique de la politique d'Auguste et ce qu'on peut appeler la pensée impériale par excellence avait été de séparer l'ordre militaire de l'ordre civil. Non-seulement il avait rendu les armées permanentes, mais il les avait mises loin de tout, contact avec la population. Les soldats vivaient absolument en dehors de la vie civile. Soldats pendant vingt années, puis vétérans, rarement ils redevenaient paysans ou bourgeois. Ils n'étaient pas logés dans les villes ; ils habitaient toute l'année dans des camps et des cantonnements dont ils finirent par faire une sorte de villes, mais de villes qui n'étaient occupées que par eux et par leurs familles. Les armées impériales ne se recrutaient guère dans la population ; celle-ci ne devait le service militaire que sous forme d'impôt (*aurum tironicum*) ; quand les empereurs commandaient une levée de conscrits (*tirones*), c'était presque toujours de pièces d'or et non pas d'hommes qu'il s'agissait. Les armées se perpétuaient de père en fils, car l'empire tendait à établir l'hérédité dans la profession de soldat. L'armée formait une sorte de caste, qui avait ses habitudes, ses mœurs, son langage, ses lois particulières. Des barrières infranchissables la séparaient de l'ordre civil ; le curiale n'avait pas le droit de se faire soldat.

Ces armées ainsi constituées furent pour les princes un embarras autant qu'un soutien. Elles firent durer l'empire, mais elles renversèrent souvent les empereurs. Un temps vint où le gouvernement impérial aima mieux avoir pour soldats des étrangers que des Romains. On enrôla des barbares ; et ce qui est assez curieux, c'est qu'on ne changea presque rien à l'organisation militaire qui était en usage. Les soldats étrangers vécurent dans des cantonnements séparés, comme avaient fait les légions. Leur solde leur fut payée en terres, suivant une coutume qui avait prévalu dans les armées impériales. La jouissance de ces terres leur fut donnée à la condition d'être soldats de père en fils, suivant la loi qui était déjà imposée aux légionnaires. Les règles et les usages qui s'étaient établis depuis deux siècles dans les armées romaines se prêtaient merveilleusement à l'adjonction des soldats barbares.

Les Germains affluèrent en foule au service de l'empire. Leur sol était pauvre ; le sol de la Gaule, bien cultivé depuis quinze générations d'hommes, était fertile et riche. Il se fit alors parmi les Germains un courant d'émigration analogue à celui que nous remarquons aujourd'hui dans cette même contrée. Les hommes se portèrent vers l'empire romain, comme ils émigrent aujourd'hui vers la France, vers l'Angleterre, vers l'Amérique. De même qu'ils se font ouvriers ou marchands pour obtenir une place dans les sociétés riches, ils se firent alors soldats pour obtenir une place dans l'empire.

Les fonctionnaires impériaux essayèrent d'abord de les recruter individuellement et de les distribuer parmi les troupes romaines ; mais ce procédé présentait des difficultés insurmontables qui le firent abandonner. Il fallut faire de ces Germains des corps spéciaux. Une troupe était ordinairement composée d'hommes appartenant à une même tribu ; elle obéissait à un chef de son pays, et le gouvernement impérial lui laissait le plus souvent le droit d'élire elle-même ce chef. Ces corps de troupes s'appelaient *fédérés* en latin, et *lètes* en langue germanique. On les distinguait entre eux par leur nom d'origine, et l'on disait lètes suèves, lètes francs, lètes bataves, lètes sarmates, etc. Chaque troupe sous son chef élu gardait sa langue, ses usages, ses lois ; elle n'était astreinte qu'à l'obligation de combattre pour l'empire. Elle formait, sur les frontières, quelquefois même dans l'intérieur du pays, un véritable établissement. Elle cultivait son canton ; elle y vivait avec ses femmes, ses enfants, ses vieillards ; elle labourait et combattait tour à tour. Elle était à la fois une garnison et une colonie, ainsi qu'avaient été les légions impériales de l'époque précédente. Un contemporain définit bien cette situation quand il dit : « Voyez ce Chamave ; il laboure, il paie le tribut ; que l'empire fasse une levée d'hommes, le voilà qui accourt, il obéit à tous les ordres, il prête le dos à toutes les corvées, et s'estime heureux d'être, sous le nom de soldat, un serviteur de l'empire. »

On lit dans la *Notitia dignitatum*, espèce d'almanach impérial de l'an 400, qu'il y avait des lètes teutons à Chartres, des lètes suèves à Coutances et en Auvergne, des lètes bataves à Arras et à Noyon, des lètes francs à Rennes, d'autres lètes francs à Tournai et d'autres encore près du Rhin, des lètes sarmates à Paris, à Poitiers, à Valence, des lètes de différentes nations germaniques à Reims, à Senlis, à Bayeux, au Mans. Toutes ces troupes étaient aux ordres de l'empire et tenaient lieu des légions. La population civile était gauloise, et presque toute la population militaire était germaine. Les contemporains ne voyaient en cela rien qui les étonnât, habitués qu'ils étaient à la séparation absolue de l'ordre militaire et de l'ordre civil. Les lètes ne leur paraissaient pas fort différents des légionnaires, et personne ne pensait à les regarder comme des conquérants.

Ce n'est pas à dire qu'il n'y ait jamais eu d'invasion. L'empressement des Germains à se mettre à la solde de l'empire était plus grand qu'on n'eût voulu. Le courant d'émigration allait toujours croissant en intensité et en vitesse. La Germanie envoyait plus d'émigrants que l'empire ne pouvait accepter de soldats. Un jour, en 370, l'empereur Valentinien demanda quelques milliers de Burgondes : il en vint 80,000 ; on jugea prudent de les renvoyer chez eux. Les solliciteurs, en nombreuses bandes armées, se pressaient à la frontière, tendant les bras pour qu'on les admît sur l'autre rive. Il arriva naturellement que ceux qu'on refusait, pressés par la faim plus que par la haine et se sentant nombreux, entrèrent de force. Faute d'être acceptés comme soldats de l'empire, ils se firent, comme pis-aller, soldats contre l'empire. C'est pour cela que l'on vit, durant tout le IVe siècle et le Ve une moitié des

Germains défendre la Gaule et l'autre moitié l'envahir.

Ces deux catégories de Germains eurent des destinées bien différentes. Ceux qui se présentèrent en ennemis firent beaucoup de ravages, brûlèrent et saccagèrent beaucoup de villes, mais ne réussirent jamais à s'établir dans le pays. On peut compter ces envahisseurs, et l'on reconnaîtra qu'ils ont passé sans avoir rien laissé d'eux. Il ne resta rien de ces Alamans qui en 259 ravagèrent la Gaule et passèrent ensuite en Italie, où ils disparurent ; rien de ces autres Germains qui profitèrent de la mort d'Aurélien pour piller la Gaule, mais furent ensuite exterminés par Probus ; rien de ces 60,000 Alamans qui furent vaincus par Constance Chlore ; rien de toutes ces bandes qui détruisirent quarante-cinq villes et firent un désert de l'Alsace, mais furent à la fin repoussées et détruites par l'empereur Julien ; rien de ce qu'on appelle la grande invasion de 406, puisque les Vandales et les Suèves, après de grandes dévastations, quittèrent enfin la Gaule pour passer en Espagne et en Afrique, où ils n'eurent pas une longue destinée.

Les Germains qui s'établirent en Gaule et y purent laisser quelque chose de leur sang et de leurs mœurs furent seulement ceux qui y entrèrent à titre de soldats de l'empire. Ce fut, par exemple, cette troupe de lètes saxons qui, cantonnés dans le pays de Bayeux depuis le IVe siècle, s'y perpétuèrent et attachèrent longtemps leur nom à cette contrée. Ce fut encore une troupe d'Alains à qui le gouvernement impérial assigna des terres dans les environs d'Orléans en récompense de leurs services. D'autres sont plus connus : ce sont les troupes des Wisigoths, des Burgondes et des Francs. Ces Wisigoths avaient été admis dans l'empire d'Orient en vertu d'un contrat qui faisait d'eux une armée impériale. Le gouvernement devait fournir à leur entretien par des dons de vivres ou de terres ; ils devaient en retour obéir aux ordres de l'empire. Leur titre officiel était celui de *fédérés*. Le gouvernement disposait d'eux comme de ses soldats ; Théodose, ayant une expédition à faire, du côté de la Gaule, y emmena 20,000 d'entre eux.

Il est bien vrai que cette armée, qui élisait elle-même son chef, n'était pas toujours docile. Elle fit ce qu'avaient fait maintes fois les armées romaines du Rhin et du Danube ; un jour, elle massacra l'empereur Valens, qui ne la payait pas assez ; une autre fois, pour mettre sur le trône le patrice Ruffinus, elle ravagea toute la Grèce. Un peu plus tard, son chef Alaric, peut-être à l'instigation de la cour de Constantinople, se jeta sur l'Italie et la mit au pillage. A sa mort, les mêmes Wisigoths redevinrent une armée impériale aux ordres d'Honorius, dont leur chef était le gendre. Deux compétiteurs se disputaient alors la Gaule, Jovin d'une part, l'empereur Honorius de l'autre. Jovin avait à son service deux troupes de Vandales et de Burgondes ; Honorius lança contre son adversaire les Wisigoths. C'est à titre d'armée impériale et pour le service du prince que ces Wisigoths entrèrent en Gaule et un peu plus tard en Espagne. On leur assigna des cantonnements et des terres, comme on faisait à toutes les troupes impériales. On aurait bien voulu les disperser ; mais il n'était pas possible de traiter avec chaque Wisigoth individuellement, de donner à chacun une solde et d'exiger de chacun une obéissance personnelle. C'était avec le chef seul qu'il fallait traiter ; c'était lui qu'on payait pour qu'il payât ensuite ses soldats. On lui donna des, villes, Bordeaux, Périgueux, Angoulême, Poitiers, ce qui signifiait qu'on lui donnait les revenus que le fisc impérial tirait de ces villes et le droit de lever une taxe sur les propriétaires fonciers pour la solde de ses hommes. Ainsi cantonnés dans le sud de la Gaule, les Wisigoths furent des soldats fort peu dociles ; ils étendirent, bon gré mal gré, la limite de leurs cantonnements ; ils en sortirent plus d'une fois pour ravager des provinces. Dans la paix, l'empire avait beaucoup de peine à se faire respecter de ces singuliers sujets ; mais, dès qu'il pouvait leur donner quelque ordre de guerre, il les trouvait tout disposés à le servir. On doit surtout remarquer qu'ils ne manquèrent jamais au devoir de le défendre contre les autres

Germains ; longtemps ils se considérèrent comme des sujets de l'empire. Le titre de roi que prenait leur chef n'indiquait pas, dans la langue de ce temps-là, une autorité indépendante. Leur historien Jornandès rapporte que ce fut seulement leur septième roi, Euric, qui eut la pensée de s'affranchir de la sujétion impériale et d'occuper le midi de la Gaule en souverain, *jure suo*. Cette prétention nouvelle indique bien que jusqu'alors les Wisigoths s'étaient considérés comme des sujets de l'empire. Elle étonna les contemporains ; l'empereur la repoussa et la combattit par la force comme une usurpation. Les Burgondes s'étaient présentés d'abord en ennemis. Ils avaient franchi le Rhin en 406, à la suite des Alains et des Vandales. Pendant sept ou huit années, à la faveur des désordres de l'empire et des luttes entre les compétiteurs, ils avaient parcouru et ravagé le pays ; puis ils avaient obtenu du gouvernement impérial la permission de s'établir dans la contrée qui est située entre les Vosges et le Rhin, à des conditions que les historiens ne nous disent pas, mais qui semblent avoir été les mêmes qui étaient imposées à toutes les troupes barbares. Peu d'années après, le gouvernement impérial les punit de quelques incursions en massacrant une partie de leurs bandes et en confinant le reste dans le pays qu'on appelait la Sabaudie. Ces Burgondes, sous un chef qu'ils nommaient roi, étaient une armée au service de l'empire. Leurs rois, en véritables fonctionnaires, portaient des titres de dignités romaines ; Gundioc était *magister militiæ*, Gondebaud était patrice ; Sigismond écrivait à l'empereur : « Mon peuple est votre peuple ; je vous obéis en même temps que je lui commande ; je parais roi au milieu des miens, mais je ne suis que votre soldat. »

Les Francs étaient dans les mêmes relations avec l'empire que les Wisigoths et les Burgondes. Ils n'avaient reçu de lui des terres qu'à la condition de le servir. Le prologue même de leur loi salique prouve qu'il fut un temps où ils lui obéissaient ; les rédacteurs de ce code se souvenaient encore « du joug très dur » que l'empire avait fait peser sur eux. Ces Francs formaient plusieurs troupes de *fédérés* ou de *lètes*, l'une était établie sur l'Escaut, l'autre sur le Rhin, une troisième près de Rennes. Il y en avait beaucoup d'autres ; on voyait des cohortes franques casernées en Espagne, en Italie, jusque dans l'Égypte et dans la Phénicie, même à Constantinople parmi la garde des empereurs. Toutes ces troupes servaient au même titre. Chacune d'elles jouissait de terres en guise de solde, et avait avec elle ses familles, comme les *lètes* germains et comme les anciennes légions.

Ces Francs se faisaient remarquer par leur docilité ; leurs actes d'insubordination furent infiniment rares en comparaison des services qu'ils rendirent. Le gouvernement impérial eut d'ailleurs assez d'adresse pour les tenir toujours partagés en petits corps indépendants les uns des autres et dont chacun avait son chef. Il fut donc assez facile de les maintenir dans l'obéissance. Si parfois une de leurs bandes venait à se montrer exigeante, et prétendait, comme fit un jour celle de Chlodion, agrandir ses cantonnements, il n'était pas malaisé de la réprimer par la force ; on voit même que le gouvernement impérial osait quelquefois nommer lui-même leurs chefs, ce qu'il n'eût pu faire à l'égard des Wisigoths et des Burgondes. Ces chefs, qui recevaient peut-être de leurs soldats le titre de roi (*koning*), et qui paraissent avoir porté auparavant le titre romain de duc, qui signifiait chef militaire, étaient des officiers impériaux. Mérovée obéit aux ordres d'Aétius et de l'empereur ; Childéric, le père de Clovis, combat au nom de l'empire les Wisigoths et les Saxons.

II. — Comment les Francs devinrent les maîtres en Gaule.

Il nous a été conservé une lettre adressée à Clovis par saint Rémi, archevêque de Reims. Elle ne porte pas de date ; mais le ton même qu'emploie le prélat, la nature des conseils qu'il donne et qui ne peuvent s'adresser qu'à un jeune homme, l'absence de toute allusion aux victoires de Clovis, à la puissance qu'il acquit, à sa conversion, tout prouve que cette lettre se rapporte au début de la carrière du chef franc et à une époque où il n'avait encore que « ce que lui avait légué son père. » Elle marque bien quelle était alors la nature de son autorité. « Nous avons appris, dit le prélat gaulois, que tu as pris en main, comme tes ancêtres, le commandement militaire. » C'est par cette expression qu'il désigne ce qu'on a depuis appela l'avènement de Clovis au trône. Clovis à ses yeux n'est qu'un chef de guerre. L'évêque ajoute, à la vérité, qu'il rend la justice, que, comme les fonctionnaires romains, il a un prétoire. Il est clair que tous les chefs militaires, dans les limites de leurs cantonnements, avaient le droit de justice et l'autorité administrative ; mais le mot dont il désigne ce pouvoir du jeune chef est significatif : il l'appelle *beneficium*, terme qui dans la langue latine de ce temps-là signifiait une délégation, et ne pouvait s'appliquer qu'à cette sorte de pouvoir emprunté qu'on exerce au nom d'un autre. Quant au territoire que gouvernait Clovis, l'évêque ne l'appelle pas du nom de royaume ni d'aucun nom analogue ; il l'appelle *province*, et l'on sait que ce mot avait alors un sens fort différent de celui qu'il a de nos jours ; il désignait un territoire sujet et ne pouvait en aucune façon s'appliquer à un état indépendant. Nous pouvons juger par tout cela sous quel aspect la situation apparaissait aux contemporains. Saint Rémi regardait certainement Clovis comme subordonné à l'empire, et nous devons croire que les Gaulois, les Francs et Clovis lui-même pensaient comme le prélat.

On dit ordinairement que l'empire romain n'existait plus, à cette époque, qu'il avait disparu en 476. Cette manière de voir est tout à fait opposée à ce que pensaient les hommes de ce temps-là. Il faut remarquer en effet que, lorsque les différents chefs germains étaient entrés en Gaule ou en Italie, ils n'avaient jamais eu la pensée de renverser l'empire. Pour eux, l'autorité impériale était quelque chose de sacré qui leur semblait fort au-dessus de leur autorité royale. On avait entendu l'un d'eux, et l'un des plus puissants, s'écrier à l'aspect de l'empereur : « Oui, l'empereur est un dieu sur la terre. » Un autre avait écrit : « Je m'estime plus de vous obéir que de commander à mon peuple. » Seulement ces chefs d'armée firent souvent par cupidité ou par colère ce qu'avaient fait pendant trois siècles les anciennes armées romaines ; sans renverser l'empire, ils renversèrent des empereurs et en nommèrent d'autres. Ils se battirent entre eux pour faire prévaloir les princes de leur choix. C'est ainsi que les Wisigoths donnèrent la pourpre à Avitus, les Suèves à Majorien, les Burgondes à Glycérius. Il est à remarquer que ces chefs germains ne songeaient jamais à se faire empereurs eux-mêmes. Ils choisissaient toujours des Romains. Pour eux, ils n'osaient toucher à la pourpre.

Lorsque l'un de ces chefs de *fédérés*, Odoacre, se fit roi en Italie, il ne renversa pas pour cela l'empire. Il se contenta, ne voulant pas avoir un empereur trop près de lui, de transporter la dignité impériale au prince qui régnait à Constantinople. Cela ne surprit pas les contemporains ; ils savaient que Rome et Constantinople étaient les deux capitales d'un même état qui n'avait eu longtemps qu'un seul chef. Le prince qui avait son palais à Constantinople portait le titre officiel d'empereur des Romains et d'Auguste. Le sénat de Rome, sur l'invitation d'Odoacre, adressa une ambassade à l'empereur Zénon pour lui déclarer qu'un seul monarque suffisait à gouverner l'Orient et l'Occident. Odoacre de son côté lui envoya les insignes de l'autorité impériale et apparemment la promesse d'une sujétion qui ne devait pas lui coûter beaucoup.

Il reçut en retour le titre romain de patrice. En tout cela, Odoacre ne supprimait pas l'empire, il éloignait seulement l'empereur.

La population gauloise continua de croire à l'existence de l'empire. Elle persista à considérer l'*empereur des Romains* comme son chef suprême, et s'attacha d'autant plus à ce pouvoir lointain qu'elle n'en sentait plus le poids. Elle adopta les lois et les codes romains, elle conserva la langue de l'empire, elle continua pendant plusieurs siècles à s'appeler romaine. Voyez les chroniqueurs du temps ; ils marquent avec plus de soin l'avènement des empereurs que celui des rois, ils sont attentifs à ce qui se passe dans la capitale de l'empire, ils comptent les années par les consuls annuels de Constantinople.

Lorsque, plusieurs siècles après ces événements, on a cherché à les expliquer, on a été très frappé de ce que la population gauloise n'avait jamais, sauf des cas isolés et accidentels, résisté aux Germains ; les uns ont expliqué cela par la lâcheté des Gaulois, les autres par leur haine pour l'empire ; mais les faits ne montrent pas que cette population fût lâche. Il est vrai qu'elle n'avait pas l'usage des armes ; nous voyons pourtant que quelques villes résistèrent avec un grand courage aux exigences de certains chefs barbares, et à la génération suivante nous voyons les Gaulois former de grandes armées sous la conduite des rois francs. Dire qu'ils détestaient l'empire romain et qu'ils le virent tomber avec une secrète joie est une hypothèse que rien ne justifie. Cette prétendue haine de la Gaule pour la domination impériale n'a pas d'autre preuve que les déclamations violentes et démagogiques de Salvien, et elle est démentie par ce fait incontestable, que la Gaule resta romaine de langue, de mœurs, de lois, d'affection pendant plusieurs siècles. Quelques révoltes de *bagaudes* ne prouvent rien pour les classes supérieures et moyennes de la société. La répugnance des curiales, c'est-à-dire des contribuables, à payer les impôts n'indique nullement qu'ils préférassent la domination des Germains à celle de l'empire. Si la Gaule n'opposa que peu de résistance aux barbares, on peut en donner une explication beaucoup plus simple. En premier lieu, la population ne résista pas parce que le gouvernement impérial ne lui en donna pas l'ordre et même le lui défendit, car on vit plusieurs villes qui avaient imaginé de fermer leurs portes aux nouveau-venus être attaquées conjointement par les *fédérés* barbares et par les fonctionnaires impériaux, être enfin punies de leur mauvais vouloir par l'empereur lui-même. En second lieu, elle songeait rarement à résister, parce que ces barbares étaient à ses yeux des soldats de l'empire, soldats brutaux et cupides sans doute, mais qui ne l'étaient pas beaucoup plus que les *lètes* du siècle précédent ou les légions des temps antérieurs. Là où nous voyons des envahisseurs, les contemporains voyaient des armées impériales.

Il est vrai qu'il fallait obéir aux chefs de ces armées ; mais d'abord la population civile conservait son administration municipale, même dans ses villages, et par là elle n'avait presque aucun contact avec les chefs militaires. Ensuite ces chefs germains n'étaient *rois* que vis-à-vis de leurs sujets barbares ; à l'égard de la population gallo-romaine, ils étaient *patrices, maîtres de la milice, proconsuls*, c'est-à-dire fonctionnaires. Ils apparaissaient donc comme des délégués de l'empire, et c'est à ce titre qu'ils obtenaient l'obéissance. L'autorité impériale planait toujours au-dessus d'eux.

Dans les dernières années du Ve siècle, quatre armées vivaient sur le sol de la Gaule : celle des Wisigoths, celle des Burgondes, celle des Francs, et une quatrième composée de Bretons et de *Romains*, sous les ordres d'un chef gaulois, Syagrius, qui paraît avoir pris le titre de roi. Ces quatre armées, qui n'avaient aucun lien entre elles, que ni l'autorité impériale ni la population gauloise n'avait intérêt à tenir en harmonie, devaient inévitablement entrer en lutte. Il suffisait que leurs chefs fussent ambitieux ou les soldats cupides. C'était d'ailleurs ce qui s'était toujours vu depuis qu'il y avait des armées *fédérées*, les Wisigoths n'avaient cessé de faire la guerre aux Burgondes ; les Ostrogoths, armée de l'empire, se ruèrent de même sur les Hérules. Les Germains n'avaient aucune idée d'une confraternité de sentiments, d'une communauté de race, d'une solidarité d'intérêts. Il leur arrivait quelquefois d'assaillir une ville romaine pour la piller ; mais leurs vraies luttes comme leurs vraies haines étaient toujours entre eux.

De ces quatre armées qui occupaient la Gaule, la moins nombreuse était celle de Clovis ; c'était aussi celle qui avait le plus besoin de butin et de guerre. Elle attaqua successivement les trois autres, en commençant par la plus faible et en finissant par la plus forte. Après les avoir détruites par habileté et par ruse plus encore que par force, Clovis se trouva le seul chef militaire qu'il y eût en Gaule. Cet événement ne ressembla ni à une invasion ni à une conquête. Clovis ne faisait pas la guerre à la population gauloise. Sauf quelques villes qui avaient pris parti pour les autres chefs, cette population ne fut pas attaquée par lui. Elle assista impassible à des querelles entre chefs d'armées qui lui étaient également étrangers. Il y a même quelque apparence que le clergé catholique marqua une prédilection pour le chef franc.

Quelle pouvait être, d'après cela, la nature du pouvoir de Clovis sur les Gaulois ? Ne les ayant pas vaincus, il ne pouvait pas régner sur eux par droit de conquête. Quant à les traiter en peuple libre et à se faire élire roi par eux, personne ne pouvait y penser. Il ne se présentait qu'une seule manière de les gouverner. Clovis voyait devant lui, toujours debout, l'empire romain. Il savait que les Gaulois, qui s'appelaient eux-mêmes Romains, ne connaissaient d'autre autorité légale que celle de l'empire. Lui-même, comme son père et comme les autres chefs germains qu'il avait vaincus, était accoutumé à l'idée d'être subordonné au pouvoir impérial. Cette suprématie lui était d'ailleurs infiniment plus utile qu'elle n'était gênante. Clovis fit donc ce que tous les chefs germains avaient fait : il gouverna les Romains à titre de délégué et de représentant de l'autorité romaine.

La cour de Constantinople avait précisément pour politique de conserver avec soin sa suzeraineté nominale sur toutes les parties de l'empire, espérant reprendre un jour l'autorité réelle, comme elle le fit en effet pour l'Italie et pour l'Afrique. L'empereur Anastase avait donc le même intérêt à conférer cette délégation que Clovis à la recevoir. Il envoya au chef franc, qui avait déjà le titre de patrice, « un diplôme qui y ajoutait celui de consul et même celui d'Auguste ; il lui adressa en même temps la chlamyde, le bâton de commandement, même la robe de pourpre et le diadème ; revêtu de ces insignes, Clovis fit dans les grandes villes une entrée solennelle, suivant la mode romaine, et voulut qu'on l'appelât patrice et Auguste. » Tel est le récit textuel de Grégoire de Tours. La critique historique peut bien faire quelques réserves sur certains points de ce récit. On peut objecter que Clovis n'est pas mentionné sur les fastes consulaires, et que par conséquent il n'a pu recevoir tout au plus que le diplôme honoraire de consul. On peut dire encore qu'il eût été bien contraire aux habitudes de la cour de Constantinople de conférer à un chef germain le titre d'Auguste ; qui était le titre le plus sacré de l'empereur. Il est probable que le souvenir de ces faits, qui paraissent avoir vivement frappé les imaginations, avait été un peu altéré avant de parvenir à Grégoire de

Tours, et que l'intérêt des rois ou le goût des peuples avait ajouté quelque chose à la réalité. Une chose du moins paraît hors de doute, c'est que Clovis reçut de l'empereur la délégation de l'autorité. Il ne pouvait penser à régner ni par la grâce de Dieu, principe absolument inconnu en ce temps-là, ni par droit de conquête, puisqu'il n'avait pas conquis la Gaule, ni par la volonté nationale, puisqu'il n'entrait dans l'esprit de personne de consulter les populations ; il exerçait à titre d'intermédiaire et par le consentement formel des empereurs le pouvoir impérial.

C'est apparemment pour cette raison que Clovis ne prit jamais le titre de roi des Gaules. Il n'était roi que des Francs. Pour les Gaulois, il était, comme les anciens préfets du prétoire ou comme les patrices burgondes, un représentant et presque un fonctionnaire de Constantinople.

Dans les actes officiels, Clovis s'intitulait *rex Francorum et vir illuster*. Ce titre d'homme illustre n'était pas une appellation élogieuse ; c'était un terme officiel usité depuis plusieurs siècles dans l'empire romain et qui désignait formellement les fonctionnaires du rang supérieur, tels que les préfets du prétoire. Les mots *rex Francorum* marquaient donc l'autorité de Clovis sur les Francs ; les mots *vir illuster* indiquaient son rang dans la hiérarchie impériale et la nature de son autorité sur la population gauloise. Ses fils et ses petits-fils firent comme lui. Ils entretinrent des relations suivies avec la cour de Constantinople ; ils continuèrent à regarder l'empire comme la source la plus haute et la plus légitime de leur pouvoir. Lorsque Théodebert, fils de Thierry, se fut emparé de la Provence, il ne crut pas la posséder justement, s'il ne se la faisait donner par un diplôme de l'empereur Justinien. On a des lettres de Théodebert et de Childebert adressées aux empereurs de Constantinople ; ils les appellent du nom de maître, *dominus*", qui était le terme obligé quand un sujet parlait au prince. Dans la pensée des hommes de ce temps-là, l'empire n'avait pas péri. Non-seulement il restait debout, mais c'était par lui seul qu'on régnait. Il n'est pas douteux que Constantinople ne fût alors considérée comme la vraie capitale du monde.

Il faut ajouter que les rois francs ne purent pas s'astreindre longtemps à une subordination qu'il leur était si facile de faire cesser. Un chroniqueur a marqué ce changement avec des expressions dont la netteté est remarquable. Parlant de l'année 524, c'est-à-dire treize ans après la mort de Clovis, il dit : « C'était le temps où la Gaule était sous la domination de l'empereur Justin. » Parlant ensuite de l'année 539, il écrit : « Alors les rois, laissant de côté les droits de l'empire et ne tenant plus compte de la souveraineté de la république romaine, gouvernaient en leur propre nom et exerçaient un pouvoir personnel. » Ainsi les contemporains avaient distingué la période où les chefs germains avaient gouverné comme délégués des empereurs de celle où ils régnèrent comme souverains indépendants. La première, si l'on prend pour point de départ l'invasion de 406, eut une durée d'environ cent trente années ; elle se prolongea sous les rois wisigoths et burgondes, sous Clovis et ses fils. Ce fut donc une suite de quatre ou cinq générations d'hommes qui, après l'entrée des Germains, se crurent encore sujets de l'empire, et le furent en réalité dans une certaine mesure. Assurément ces quatre ou cinq générations ne se sont pas fait des événements dont elles ont été témoins l'idée qu'on s'en est faite depuis. Elles n'y ont pas vu une conquête. Elles en ont sans doute beaucoup souffert- et beaucoup gémi, elles ont été victimes d'une foule de désordres, de convoitises et de violences ; mais elles ne se regardèrent jamais comme une race vaincue sous la main et sous le joug d'une race victorieuse. Ce n'est pas sous cet aspect que les faits se présentèrent à elles.

III. — Le régime féodal n'a pas été une conséquence de la conquête.

On a souvent attribué aux Germains l'invention du régime féodal. Ce qui est certain, c'est qu'il n'existait rien en Germanie qui ressemblât à ce régime. Le guerrier germain qui choisissait un chef et se dévouait à lui différait fort du vassal qui devait plus tard être astreint à des obligations fixes à l'égard d'un suzerain qu'il n'avait pas choisi. Le don du cheval de bataille et de la framée n'était pas le don de la terre, et n'avait qu'un rapport très lointain avec le bénéfice et le fief. Qu'on lise ce que Tacite, Ammien Marcellin et Jornandès disent de l'ancienne Germanie, on n'y rencontrera rien d'analogue à la hiérarchie féodale.

Le comte de Boulainvilliers, qui écrivait à une époque où les privilèges de la noblesse étaient déjà fort contestés, voulut lui retrouver ses anciens titres, et crut les voir dans le fait de la conquête et de l'asservissement de la population gauloise par les guerriers burgondes et francs. Cette théorie a un double défaut : elle est, à l'égard du passé, une erreur ; elle est, à l'égard du présent, une source de rancunes, une excitation à de prétendues vengeances. C'est la haine des castes qui l'a engendrée, et elle perpétue en retour la haine des classes.

Nous avons constaté, dans ce qui précède, que l'établissement de quelques milliers de Germains en Gaule ne fut ni une invasion ni une conquête. Les nouveau-venus, qui étaient entrés comme soldats au service de l'empire et qui n'avaient guère combattu qu'entre eux, ne purent pas avoir même la pensée d'asservir la population indigène. Il est bien vrai qu'il y eut des violences individuelles ; plusieurs villes refusèrent d'obéir aux ordres impériaux qui leur enjoignaient d'ouvrir leurs portes, et il dut arriver plus d'une fois ce que Grégoire de Tours raconte d'une ville d'Auvergne « où les Burgondes massacrèrent les hommes et réduisirent les femmes et les enfants en esclavage. » Mais entre de tels actes, si nombreux qu'on les suppose, et un asservissement en masse de la population gauloise, il reste encore une incalculable distance. Croire que les Germains réduisirent les Gaulois en servage serait croire une chose qu'ils n'avaient ni le droit, ni la pensée, ni le pouvoir d'accomplir. D'innombrables documents attestent que la population gauloise resta dans les mêmes conditions où elle se trouvait avant l'arrivée des Germains ; ceux qui étaient hommes libres demeurèrent libres ; ceux qui étaient esclaves ou colons demeurèrent dans la servitude où dans le colonat. Rien ne fut changé aux anciennes distinctions sociales. Ceux des Gaulois qui s'appelaient citoyens restèrent citoyens, et ceux qui avaient le rang de sénateurs continuèrent à s'appeler sénateurs. Ces titres ne se trouvent pas seulement chez les chroniqueurs de race gauloise, on les trouve constatés et reconnus dans des documents d'origine germanique.

Ni l'esclavage ni le servage de la glèbe ne datent de l'invasion ; ils sont infiniment plus anciens qu'elle. Il y avait des esclaves chez les Gaulois, il y en avait de même chez les Germains. Les esclaves de la Germanie appartenaient si complètement à leur maître, que celui-ci pouvait les vendre, et qu'il pouvait même les tuer impunément. Quant au servage de la glèbe, forme adoucie de l'esclavage, il était également en vigueur des deux côtés du Rhin. Les Germains avaient dès le temps de Tacite, outre leurs esclaves proprement dits, « une espèce particulière d'esclaves qui, placés à demeure sur un champ, devaient à leur maître une redevance déterminée en grains ou en bétail. » Ils appelaient ordinairement ces hommes du nom de *lites*. Quand les Germains entrèrent en Gaule, ils amenèrent derrière eux leurs lites et leurs esclaves. Leur établissement n'eut pour effet ni d'asservir les hommes libres gaulois ni d'affranchir les serfs germains. Les codes germaniques eux-mêmes parlent des esclaves barbares et des lites, et nous les montrent soumis aux mêmes conditions à très peu de chose près que les esclaves et les colons d'origine gauloise. De même qu'il y eut des hommes libres dans les deux populations indifféremment, il y eut aussi des esclaves de l'une et de l'autre race. Le servage de la glèbe n'est pas le résultat d'une conquête ; il n'a pas non plus pesé exclusivement sur la race gauloise.

C'est une opinion assez répandue que les guerriers germains ont dépouillé les Gaulois de leurs terres. Si le fait est vrai, voici les conclusions qu'on en doit tirer : les domaines seigneuriaux du moyen âge ont été des terres arrachées aux vaincus par le droit de l'épée ; ces vaincus ne sont rentrés dans une demi-possession de leur sol qu'avec le nom de vilains et sous la dure condition des redevances et des corvées ; la révolution de 1789 leur a enfin rendu la possession complète de ce que la violence leur avait autrefois enlevé. Telle est en effet la façon dont quelques historiens présentent l'ensemble de notre histoire. Elle n'est juste qu'autant qu'il est établi que les Gaulois ont été primitivement dépouillés de leurs propriétés foncières. Ce problème historique mérite bien qu'on l'examine.

Il est hors de doute que les guerriers germains n'étaient venus en Gaule que pour acquérir des terres. Cependant, comme ils y entraient à titre de soldats de l'empire, on ne voit pas bien quel prétexte ils auraient eu pour s'emparer des terres des habitants. Aucun historien contemporain ne mentionne ce fait, qui ne pouvait pourtant passer inaperçu. Jornandès n'en dit rien. Sidoine Apollinaire et Salvien montrent bien qu'il y a eu des actes de cupidité et des violences brutales ; mais ils ne parlent point d'une spoliation générale et systématique. Ils décrivent la vie intime de leur époque et sont fort loin de dire que leur race ait été réduite à la misère. Ils parlent sans cesse de la richesse et du luxe des Romains, c'est-à-dire de la population gauloise. Ils font le tableau de la société qui est sous leurs yeux : c'est une société délicate et raffinée où il se trouve de grandes et opulentes existences, où l'on compte « des riches et des nobles, » ou l'on rencontre des rhéteurs et des poètes, où l'on voit des théâtres, des écoles, des boutiques de libraires, et pourtant les Germains sont en Gaule depuis cinquante ans. Il arrive sans cesse à ces écrivains de comparer les Romains aux barbares, et ce sont les barbares qu'ils représentent comme pauvres, ce sont les Romains qu'ils représentent comme riches et voluptueux. Ils ne font jamais allusion à un immense déplacement de la propriété foncière passant des Gaulois aux Germains.

Pourquoi ces nouveau-venus auraient-ils pris aux particuliers leurs terres ? L'empire possédait d'immenses domaines qui depuis deux siècles étaient spécialement destinés à rémunérer les services des soldats, soit qu'ils fussent légionnaires, soit qu'ils fussent barbares, Les soldats francs, burgondes, wisigoths, obtinrent naturellement la concession de ces terres, et ils n'étaient pas tellement nombreux qu'elles ne fussent très suffisantes à les enrichir tous. Les Francs, établis dans l'empire à titre de *lètes*, cultivèrent tranquillement pendant deux siècles leurs terres *létiques*. Leur chef devint plus tard le maître de la Gaule ; il n'y a pas un mot dans les chroniqueurs qui permette de croire qu'ils aient profité de leurs victoires pour s'emparer des terres des Gaulois. Un terme a fait illusion, c'est le mot *sors* employé pour désigner une terre. On a cru que tes terres ainsi nommées avaient dû être tirées au sort, qu'elles supposaient par conséquent un partage général au moment de la conquête. Or le mot *sors*, dans la langue latine, ne signifiait pas autre chose que propriété : il s'appliquait à toute terre possédée héréditairement ; l'idée de tirage au sort n'y était pas contenue. Les propriétés des Romains s'appelaient *sortes romanæ*, comme les propriétés des barbares s'appelaient *sortes barbaricæ* ? pas plus pour les unes que pour les autres, il n'y avait eu tirage au sort.

On croit que les Burgondes s'emparèrent des deux tiers des terres. Deux chroniqueurs disent en effet qu'ils partagèrent le pays avec les habitants ; mais ils disent cela après nous avoir appris que ces mêmes Burgondes avaient été écrasés par Aétius, que leur race avait été presque anéantie, qu'il n'en restait plus que des débris, et que c'était le gouvernement impérial lui-même qui leur assignait leurs cantonnements et qui leur enjoignait de « partager la terre » avec les habitants du pays. De quelque façon qu'on entende ce « partage, » il est difficile d'admettre que ce fût un fait de conquête et de violence, et qu'il se soit opéré aux dépens de la population. Un article du code des Burgondes, qui fut écrit soixante années après ces événements, explique la nature de ce partage ; le législateur rappelle « qu'autrefois des propriétaires ont invité des hommes de naissance barbare (c'est-à-dire des Burgondes) à s'établir à demeure sur leur propriété, et qu'ils ont spontanément, volontairement, détaché de leurs domaines des lots de terre pour les donner à habiter à ces barbares. » Il s'agit donc d'une sorte de partage qui a été voulu par la population indigène elle-même. Quelles en furent les conditions, nul ne nous l'apprend ; mais la suite des événements montre bien qu'elles furent onéreuses pour le Burgonde. Il était sur ce lot de terre un cultivateur, un travailleur, une sorte de métayer. Il « partageait » le lot avec son propriétaire en ce sens qu'après l'avoir cultivé il en partageait les fruits. Il n'était pas appelé colon, parce que ce mot désignait alors une sorte de servitude ; mais il était appelé *hôte*, et ce terme prit alors un sens qu'il conserva ensuite pendant tout le moyen âge, celui d'homme domicilié, de cultivateur, de fermier assujetti à redevance.

A regarder de près le code des Burgondes, on y peut voir ce que devint la condition de ces *hôtes* dans les soixante années qui suivirent l'établissement. Le Burgonde, qui était laborieux et qui aimait la terre, cultiva son lot ou le fit cultiver par des serfs, jouit des fruits, mais ne remplit pas toujours les conditions qui lui avaient été imposées. La société était pleine de désordres, l'autorité ne tarda pas à passer aux mains des chefs burgondes ; il n'était facile au propriétaire gaulois ni de se faire payer du Germain ni de se débarrasser de lui. Il y eut alors une série de conflits annuellement renouvelés entre ces propriétaires, qui s'efforçaient d'éloigner ces hôtes, et ceux-ci, qui s'obstinaient à rester. Les rois finirent par décider que le Burgonde conserverait la possession de son lot à titre d'hôte, et qu'il aurait pour sa part le tiers des serfs qui cultivaient ce lot et les deux tiers des fruits. Ils fixaient ainsi à un tiers du produit brut le prix de fermage qui devait continuer à être payé à l'ancien propriétaire. C'est à partir de ce temps que le mot *tiers* ou *tierce* fut fréquemment employé pour désigner le prix du fermage ou la redevance annuelle. Une autre loi du roi Gondebaud décida que, si cette redevance du tiers restait impayée pendant quinze ans, le lot du Burgonde, en vertu du principe de prescription, en serait à tout jamais dégrevé. Dans l'un et l'autre cas, le Burgonde acquérait une garantie de jouissance sur son lot ; sans en être propriétaire, il en était hôte héréditairement. Il avait droit de vendre sa jouissance ; seulement il ne pouvait la vendre qu'à l'ancien propriétaire romain. On voit que cet ensemble de transactions n'a rien de commun avec ce que ferait un peuple conquérant qui s'emparerait de toutes les terres d'un pays et se les partagerait. Le même code mentionne des Burgondes qui ne sont pas seulement *hôtes*, mais qui sont propriétaires ; leurs propriétés viennent toutes d'une source unique, « les largesses des rois, » ce qui signifie qu'elles viennent toutes du domaine fiscal, dont les rois ont distribué une partie à leurs soldats, à leurs amis ou à leurs fonctionnaires. Jamais il n'est fait mention de propriétés acquises en vertu de la conquête et par un partage du sol des vaincus.

Les Germains, en s'établissant en Gaule, ne firent que ce qu'il était naturel qu'ils fissent ; leurs chefs, par cela seul qu'ils succédaient aux préfets du prétoire et à tous les agents de l'autorité romaine, prirent pour eux toutes les terres du fisc. Le partage, s'il y en eut un, ne put porter que sur ces terres-là ; elles ne furent même pas distribuées toutes aux guerriers germains. Les chartes et les diplômes du temps prouvent qu'une très grande part en fut donnée aux églises. Le reste fut concédé peu à peu à des particuliers ; encore pouvons-nous croire que ces dons des rois tombèrent indistinctement sur des Gaulois et sur des Germains, car dans la classe des *antrustions* ou *convives du roi* il y avait des hommes des deux races, et les dons de terre récompensaient indifféremment les services de toute nature. Quant aux terres qui étaient, au temps de l'empire, propriétés privées, rien ne fut changé à leur condition. Sauf des violences isolées que le désordre de l'époque explique suffisamment, elles demeurèrent aux mains de leurs anciens maîtres. Une foule d'anecdotes rapportées par les chroniqueurs, un grand nombre d'actes de donation et de testament qui ont été conservés, prouvent que les habitants du pays restèrent propriétaires. Leur droit fut formellement reconnu et inscrit dans les lois ; les codes germaniques qui furent rédigés à cette époque assurèrent les mêmes garanties et la même protection légale à la propriété du Gaulois qu'à celle du Germain.

On ne peut donc pas admettre comme une vérité historique qu'un grand déplacement de la propriété foncière se soit opéré par l'effet de l'invasion germanique, et on ne doit pas croire non plus que les terres nobles qu'il y a eu dans tout l'ancien régime aient pour origine le droit de l'épée. Les seigneuries ne viennent pas de la conquête. Il est bien vrai que les Gaulois ne se confondirent pas tout d'abord avec les Francs ; mais ils ne furent pas placés vis-à-vis de ceux-ci dans un état de dépendance. Il s'en faut beaucoup que le nom de Gaulois, ou plutôt celui de Romains que ces populations gardèrent, soit devenu un terme de mépris. Les Germains s'appelaient eux-mêmes « barbares, » et appelaient les indigènes « Romains ; » or le nom de Romains paraît avoir été aussi honoré pour le moins que celui de barbares. Les récits des chroniqueurs et les vies des saints montrent en mainte occasion que, dans les relations de la vie ordinaire, les Gaulois étaient avec les Francs sur un pied d'égalité ; on ne voit jamais les uns reprocher aux autres d'être des vaincus.

La population gauloise garda ses lois, qui étaient les lois romaines ; les codes germains ne lui furent jamais imposés. Elle garda sa langue, qui était le latin ; il faut même remarquer que le latin ne se conserva pas comme idiome inférieur et populaire : il fut la langue officielle du pays ; les ordonnances des rois furent rédigées en latin. Lorsqu'on mit en écrit les lois germaniques, ce fut en latin qu'on jugea à propos de les écrire ; du moins, parmi les textes nombreux que nous en possédons, n'en est-il pas un seul qui soit dans l'idiome d'outre-Rhin.

On jugera combien cette persistance. de la langue est significative, si l'on songe à ce qui se passa en Angleterre ; la conquête saxonne fit oublier la langue des Bretons, la conquête normande réduisit la langue saxonne à n'être pendant deux siècles qu'un idiome vulgaire. Rien de semblable en Gaule ; l'ancienne langue ne fut ni oubliée ni méprisée, parce que la population ne fut pas asservie.

Si les Gaulois avaient été traités en race inférieure et sujette, il n'est pas probable qu'on leur eût laissé l'usage des armes. Or nous voyons par de nombreux exemples que les Mérovingiens se servirent d'eux comme soldats. Dans les querelles des rois et dans les batailles, les troupes gauloises figurent fréquemment. Il ne paraît à aucun signe qu'elles fussent méprisées. Ces rois confièrent plus d'une fois des commandements et de hautes dignités militaires à des indigènes, et il est assez curieux que le général le plus habile et le plus heureux du VIe siècle ait été un Gaulois ; il s'appelait Mummolus. Les Gaulois siégeaient dans las tribunaux au même titre que les Francs. Ce qu'on appelait *mall* en langue germanique et *conventus* en langue latine était composé des deux populations. Les juges s'appelaient *rachimbourg* dans une langue et *boni viri* dans l'autre. Ils étaient indifféremment de l'une et de l'autre race ; les Francs n'y étaient en majorité que dans le cas où ils formaient la majorité des propriétaires d'un canton. On a conservé un acte qui montre un tribunal composé de 18 juges, dont 4 Goths, 3 Francs et 11 Romains. Les Romains et les Germains siégeaient donc côte à côte. Ils prononçaient dans chaque procès suivant la loi personnelle du défendeur ; mais ils prononçaient tous, quelle que pût être la race de chacun d'eux. Il pouvait donc arriver qu'un Franc fût jugé par un tribunal composé en majorité de Gaulois.

Il n'y a qu'un cas où les indigènes semblent avoir été traités en inférieurs : c'est lorsque les lois salique et ripuaire prononcent qu'un Romain victime d'un délit ou d'un crime n'a droit qu'à la moitié du *wehrgeld* qui serait dû au Franc. Toutefois il nous semble que les historiens modernes ont tiré de là des conclusions exagérées. Les Francs, en inscrivant ces inégalités dans leurs codes, n'en disent pas la raison, et il serait difficile de la trouver. Sans essayer de la chercher, nous devons songer qu'il s'agit ici d'un mode de pénalité qui était propre aux Germains, que les Romains ne le connaissaient pas, et qu'il pouvait y avoir plusieurs motifs pour n'en accorder le bénéfice aux Romains que dans une proportion restreinte. Il faut tout supposer ici plutôt que le mépris pour la population indigène, car ce mépris ne perce nulle part dans les codes germaniques eux-mêmes, et il serait en contradiction avec tous les faits de l'histoire de cette époque.

Les Gaulois tenaient le même rang que les Francs dans l'entourage de Clovis et de ses successeurs. Les rois se servaient indifféremment des uns et des autres comme conseillers, comme agents, comme ambassadeurs ou comme soldats. Les fonctions publiques les plus hautes étaient souvent exercées par des Gaulois. Si l'on examinait la liste des ministres, des fonctionnaires, des comtes, des ducs, des patrices au temps des Mérovingiens, on y compterait peut-être plus de Gaulois que de Germains. C'était donc une chose très fréquente que les Francs eussent à obéir à des Gaulois ; or on ne voit à aucun signe que cela ait surpris ou choqué les contemporains.

Le nom de Franc à prêté à des erreurs. Comme il a eu le sens d'homme libre, on a pensé que la liberté n'avait appartenu qu'aux hommes de race franque. Or ce mot ne fut jamais le nom d'une face ni d'une tribu ; simple adjectif que quelques corps de guerriers adoptèrent et dont ils firent une sorte de nom national, il signifiait homme libre autant qu'homme brave, car ces deux qualités se confondaient au point de s'exprimer par un seul mot. Plus tard l'idée de liberté y prévalut ; aussi le mot devient-il, dans les documents de l'époque mérovingienne, synonyme de *ingenuus*, et c'est le sens qu'il a gardé dans tout le moyen âge. Comme il n'avait pas précisément un sens ethnographique, il a pu S'appliquer sans peine à des Gaulois, à des Burgondes, à des Wisigoths, aussi bien qu'aux guerriers francs ; il désignait tous les habitants libres du pays sans distinction de race. Il y a eu des Gaulois francs aussi bien qu'il y a eu des Germains serfs ou esclaves.

Dans la société du VIe siècle, on distinguait déjà une aristocratie ; or les Gaulois en faisaient partie aussi bien que les Germains. Comme il y avait des Francs et des Burgondes nobles, il y avait aussi des Gaulois nobles, et cette qualité leur était reconnue par les codes germaniques eux-mêmes. Nous chercherons plus loin en quoi consistait cette noblesse ; il importe de constater d'abord qu'elle n'a pas son principe dans une supériorité de race. Il n'est pas vrai que les nobles de l'époque mérovingienne fussent des Francs, ni que les non-nobles fussent des Gaulois. Les deux populations se mêlaient à tous les degrés de l'échelle sociale. Croire que les seigneurs féodaux sont les fils des Germains serait une erreur profonde. Il est impossible de dire s'il y eut dans la noblesse française plus de sang gaulois ou plus de sang germanique. La distinction des classes qui a duré jusqu'en 1789 ne fut nullement fondée sur une différence de race, et ne fut pas le résultat d'une conquête. L'inégalité a découlé d'une autre source.

IV. — Les Germains n'ont apporté en Gaule ni les institutions de la Germanie ni l'esprit de liberté.

Si l'invasion germanique n'est pas la source des institutions féodales, elle ne l'est pas davantage des institutions libres qu'a pu avoir la France. Représenter la population gauloise comme gémissant sous le joug de l'empire romain, représenter d'autre part les envahisseurs germains comme venant infuser en Gaule un esprit nouveau de liberté, c'est là une idée toute moderne dont on ne trouve pas trace chez les hommes de ce temps-là.

Que la liberté ait été insuffisante sous l'empire romain, cela nous paraît hors de doute ; mais encore est-il juste de faire cette remarque : nous ne voyons à aucun signe certain que, pendant ces cinq siècles, les hommes aient réclamé une liberté plus grande. La Gaule n'avait jamais fait aucun effort pour s'affranchir de la domination romaine ; deux ou trois insurrections toutes locales n'avaient servi qu'à montrer l'attachement du pays à l'empire ; elles avaient été réprimées par les Gaulois eux-mêmes. La Gaule, satisfaite de ses libertés municipales, avait travaillé et prospéré, s'était enrichie, embellie, éclairée. Il ne paraît pas que, sauf quelques restes du clergé druidique, elle ait jamais regretté sa vieille indépendance. Il est vrai que vers la fin de l'empire les désordres intérieurs, les rivalités des princes, les exigences des légions et les incursions des Germains l'appauvrirent. C'est alors qu'un certain nombre de propriétaires fonciers, devinrent incapables de payer l'impôt, et que, la misère croissant, des bandes de paysans se firent brigands et bagaudes ; mais ces faits n'ont jamais été généraux en Gaule, et il semble que les historiens modernes en aient fort exagéré la portée. Les administrations municipales, que l'on croit avoir été désertées vers la fin de l'empire, l'étaient si peu qu'elles ont survécu à l'empire lui-même. Les révoltes des bagaudes ont été réprimées sans peine. La haine que l'on attribue à ces populations à l'égard de l'empire romain est démentie par le fidèle et pieux attachement qu'elles lui conservèrent. Les Germains eux-mêmes n'auraient pas eu tant de respect pour lui, s'ils avaient vu le peuple le haïr.

Si d'ailleurs la Gaule avait été tellement esclave que l'amour même de la liberté se fût éteint en elle, on ne comprend pas bien comment l'arrivée des Germains l'aurait ravivé.

On a beaucoup vanté la vieille liberté de ces peuples. Nous ne chercherons pas ici jusqu'à quel point ils avaient été libres dans leurs forêts, ni s'il n'y a pas quelque illusion à croire que la liberté ait pu fleurir au milieu de l'état sauvage et du désordre ; mais, à supposer que leurs anciennes institutions d'outre-Rhin fussent supérieures à celles des Gaulois, une chose est certaine, c'est qu'ils ne les ont pas apportées en Gaule. On ne doit en effet jamais perdre de vue que ceux d'entre les Germains qui s'établirent dans ce pays n'étaient pas des peuples ; ils n'étaient que des armées. Les uns étaient des débris de tribus détruites, les autres étaient des guerriers de toute tribu qui avaient quitté leur pays pour se mettre au service de l'empire ou pour le piller. Les Burgondes et les Francs n'avaient jamais été des nations ; les Wisigoths eux-mêmes, à partir du moment où le choc des Huns les avait frappés, avaient cessé d'en être une. Leur historien Jornandès les appelle une armée. Ils avaient des rois ; mais le titre de roi désignait le commandement militaire bien plus que l'autorité politique. Pas un seul peuple germanique, pas une seule tribu n'entra en Gaule ! Ce que l'on dit des tribus franques ne s'appuie sur aucun texte. Les Saliens de Clovis n'étaient pas plus une tribu que les Saliens casernes à Constantinople ou en Mésopotamie n'en étaient une autre. Ce n'étaient là qu'autant de troupes de soldats.

Tous ces hommes qui étaient sortis de leur pays pour se faire guerriers au service d'une puissance étrangère, tous ces hommes qui s'étaient mis en dehors des conditions sociales de la tribu, n'avaient pas pu en emporter les institutions avec eux. Ils durent les oublier pendant la durée de quatre ou cinq générations où ils servirent l'empire. Il est possible qu'ils aient conservé le souvenir de leurs lois civiles ; encore serait-il téméraire d'affirmer que les codes qu'ils rédigèrent en Gaule furent l'expression exacte des vieilles coutumes d'outre-Rhin. En tout cas, ce qui est possible pour les lois civiles et les coutumes ne l'est pas pour les institutions politiques. Celles-ci ne sont pas chose que l'on puisse perdre et retrouver arbitrairement, laisser de côté et reprendre comme on veut. Un système d'institutions ne dure que par une pratique constante. Une fois que la tradition en est brisée, on ne la renoue pas. Ce serait un fait unique dans l'histoire du monde que les Francs, après avoir perdu leurs institutions, les eussent ensuite retrouvées et remises en vigueur. Ajoutons que les nouvelles conditions de leur existence et l'entourage de la population gauloise ne se fussent pas prêtés à une telle restauration.

Ces Francs, au moment où ils avaient passé la frontière, n'étaient plus que des guerriers. Ils ne purent apporter en Gaule que les usages de la troupe guerrière. Or le caractère germain se plie à merveille à la discipline du soldat. Déjà Tacite l'a remarqué : « Qui survit à son chef et revient sans lui du combat est déshonoré pour la vie. Le défendre, le couvrir de son corps, rapporter à sa gloire tout ce qu'on fait soi-même de beau, voilà le devoir : le chef combat pour la victoire ; eux pour le chef. » Cela nous donne une idée du respect, de la soumission aveugle, de l'abnégation du soldat germain. Il est vrai que ce soldat a élu son chef ; mais comme il lui obéit ! Qu'on se rappelle l'anecdote du vase de Soissons : le chef frappe de sa hache l'un des siens ; toute la troupe est là qui regarde et qui tremble. Ces Germains dans la vie civile sont très capables de liberté ; faites-en des soldats, ils ne connaissent plus que la discipline, Il n'y a tout au plus que la question de butin qui puisse parfois altérer leur obéissance ; c'est pour affaire de butin que ce guerrier de Clovis a mérité sa colère, c'est encore pour affaire de butin que les guerriers de Thierry et de Clotaire II manquent au devoir de soumission. Hors ce point, ils savent toujours obéir. Leur chef est un maître absolu dont le pouvoir n'est limité par aucune loi.

On est frappé de quelques actes d'insubordination de ces guerriers ; mais l'insubordination n'a rien de commun avec la liberté, elle en suppose plutôt l'absence. Il ne semble pas que les Francs se soient jamais préoccupés d'assurer leur indépendance vis-à-vis des rois, ni qu'ils aient songé à se mettre en garde contre la monarchie. Qu'on lise les codes des Saliens, des Ripuaires, des Burgondes : ils ont été discutés et rédigés dans des réunions qui avaient quelque apparence d'assemblées nationales ; on n'y trouve pourtant pas la moindre allusion aux droits politiques d'un peuple libre. Tout au contraire la royauté se présente dans ces codes avec les privilèges et l'autorité qui s'attachaient à la monarchie impériale. Elle en a les allures, le langage, l'accent. Le roi y est appelé du nom de maître, *dominus*, ce qui est bien surprenant dans des codes rédigés pour les seuls Germains. Tout ce qui approche du roi est privilégié. Le « convive du roi » a une valeur triple de celle du simple homme libre. L'esclave qui appartient au roi vaut aussi trois fois plus que l'esclave ordinaire. Il n'est pas jusqu'aux chevaux et aux bœufs du roi dont le vol ne soit puni plus sévèrement que s'il s'agissait des chevaux ou des bœufs d'un sujet. Il y a dans le code des Francs-Ripuaires des articles qui sont d'une portée étrangement monarchique. « Si quelqu'un refuse d'héberger un envoyé du roi, qu'il paie une amende de 60 sous d'or. » — « Si quelqu'un est infidèle au roi, qu'il compose de sa vie et que tous ses biens soient confisqués. » On voit bien que le souvenir de l'ancienne Germanie et l'amour de la liberté politique étaient également absents de l'âme de ces hommes.

Les Germains avaient tellement oublié les institutions politiques d'outre-Rhin que tous leurs chefs, francs ou wisigoths, ostrogoths ou burgondes, adoptèrent les usages des empereurs, leurs insignes, et leur phraséologie pompeuse. Ils revêtirent le costume romain ; ils se montrèrent avec la robe longue, sceptre à la main, couronne en tête. C'est ainsi que les rois mérovingiens sont représentés sur leurs monnaies. Rien de tout cela ne venait de la Germanie. Les chroniqueurs ne nous disent pourtant pas que les Francs aient protesté contre ces usages si nouveaux pour eux. Leurs rois s'entourèrent d'un cortège de chambellans, de comtes du palais, de patrices, de référendaires, de chanceliers, personnages dont les titres mêmes avaient été inconnus dans l'antique Germanie. Rien n'indique que les Francs se soient plaints de la création de ces dignités nouvelles ; ils les briguèrent à l'envi. Les rois établirent un système d'administration copié sur le système impérial. On a quelquefois comparé les *comtes* mérovingiens aux *grafen* de l'ancienne Germanie. Il y avait au moins cette différence, que les uns étaient nommés par les rois, tandis que les autres avaient été élus par la population. En réalité, ces comtes mérovingiens, mi-partie Francs et mi-partie Gaulois, étaient les successeurs des comtes que l'empire avait établis dans chaque cité au Ve siècle.

Les Germains réfugiés en Gaule ne possèdent plus rien qui ressemble à ce qui existait en Germanie. Ils n'ont pas pensé à établir dans leur nouvelle patrie les institutions de l'ancienne. Le regret de la vieille liberté de la tribu ne paraît nulle part. L'histoire nous montrera bien une lutte toujours renaissante entre les leudes et les rois ; mais ce que ces leudes réclament n'est pas la liberté, c'est la terre. Les théories politiques sont absolument étrangères au conflit. Le débat ne porte que sur des intérêts matériels. On ne comprendrait pas comment ces troupes de soldats avides auraient infiltré dans la Gaule l'esprit et les mœurs de la liberté, et l'on reconnaît bien d'ailleurs dans l'histoire de toute la période mérovingienne que la liberté fut leur moindre souci.

L'établissement des Germains en Gaule n'a donc pas pu produire les grands effets qu'on lui attribue ordinairement. Le sang n'a pas été notablement altéré, car ces Germains étaient peu nombreux. La manière même dont ils sont entrés dans le pays ne leur permettait pas d'en changer la face. Ils n'ont été ni des vainqueurs ni des maîtres. Tout ce qui est vivace dans une nation et tout ce qui y est signe de vie a subsisté en Gaule après eux. La langue est restée telle qu'on la parlait au temps de l'empire ; rien n'a été changé ni à ses radicaux, ni à ses règles, ni à son accent ; elle s'est modifiée ensuite d'âge en âge, suivant les lois naturelles des langues, sans que l'invasion germanique ait été pour rien dans sa lente et régulière transformation. Ces mêmes Germains n'ont eu aucune influence sur les croyances religieuses du pays. Ni les Francs n'ont songé à établir en Gaule leur vieux culte, ni les Wisigoths n'ont réussi à y implanter leur arianisme. Rien n'a disparu des croyances, des rites, de la discipline même de l'église. Tous les Germains qui sont entrés en Gaule, en Espagne, en Italie, n'ont pas empêché le catholicisme de se développer conformément aux habitudes d'esprit des populations du sud-ouest de l'Europe. Quant aux mœurs et au caractère de ces nations, on ne voit pas non plus que les Germains y aient mis leur empreinte ; ils n'ont apporté ni une idée ni un sentiment qui leur fût propre. A regarder enfin à quel niveau tombèrent le sens moral et l'intelligence dans les siècles qui suivirent l'invasion, on ne saurait prétendre que ces Germains aient épuré la conscience humaine ou ravivé l'esprit.

Ils n'eurent pas plus d'action sur les institutions politiques que sur la langue, la religion et le caractère. Ils n'ont pas transplanté en Gaule les institutions de la tribu germaine, car ils les avaient oubliées. Ils n'y ont introduit ni le régime féodal, qu'ils ne connaissaient pas, ni le servage de la glèbe, qui existait avant l'invasion. Ils n'ont pas plus asservi la population gauloise qu'ils ne l'ont affranchie. Ni la monarchie ni la liberté ne viennent d'eux. Le régime féodal n'est pas un fait de conquête, car il n'a pas été établi par les vainqueurs aux dépens des vaincus. Il n'est pas le fruit de l'invasion, car le germe s'en trouve déjà d'une manière très manifeste dans l'empire romain. Il n'est pas plus germanique que gaulois car il s'est développé avec la même vigueur chez les deux races et chez beaucoup d'autres encore. Il fut la conséquence naturelle d'un certain état social auquel les incursions germaniques n'ont pas été étrangères, mais que ces incursions n'ont pas créé toutes seules.